Paula Modersohn-Becker

und von Worpswede / sei die Rede

Text und Zeichnungen: Willi Blöß
Colorierung: Beatriz López-Caparrós

Druck: Seltmann GmbH, Lüdenscheid

ISBN: 978-3-938182-21-5

Willi Blöß Verlag, Aachen
www.kuenstler-biografien.de

„Eure Rede sei: ‚Ja, ja, nein, nein'"

(Paula 1903, in einem Brief an Otto Modersohn, die Bergpredigt zitierend, wütend über Rilkes ausschweifendes Worpswede-Buch, in dem weder sie noch Clara Westhoff erwähnt werden)

„Da sind viele Phrasen und schöne Sätze;
aber die eigentliche Nuß ist hohl."

(ebenda)

Ihren Zeitgenossen gab Paula Modersohn-Becker wenig Gelegenheit, sie als Malerin wahrzunehmen.
Im Dezember 1899 sind es gerade einmal 5 Stunden.
Sofort nach Erscheinen einer vernichtenden Kritik holt sie ihre Bilder aus der Kunsthalle Bremen ab.
An gleicher Stelle werden 1906 in ihrer Abwesenheit noch einmal vier von ihrem Mann eingereichte Bilder gezeigt. So weit die Ausstellungsaktivitäten zu Lebzeiten.
1

Auch in der Künstlerkolonie Worpswede bleibt sie als Frau des berühmten Otto Modersohn im Hintergrund. Den wenigen Besuchern ihres Ateliers zeigt sie so gut wie nichts. Ihr Freund, der Dichter Rilke, schreibt 1902 ein Buch über Worpswede, ohne sie zu erwähnen.

In Paris, wo sie ebenfalls intensiv malt, gibt sie sich weder den „Modernen" noch dem bewunderten Bildhauer Rodin gegenüber als Künstlerin zu erkennen.

Als Gegnerin jeder Art von „Rottenbildung“ lässt sie sich auch von der Frauenbewegung nicht vereinnahmen. Geschickt nutzt sie die Toleranz des Vaters und die materielle Absicherung durch den Ehemann für ihre Studien.

Noch nicht im Rampenlicht zu stehen, ist ihr ganz recht.
1906 rutscht ihr im Atelier von Bernhard Hoetger allerdings eine Bemerkung heraus.

Künstlerinnen des

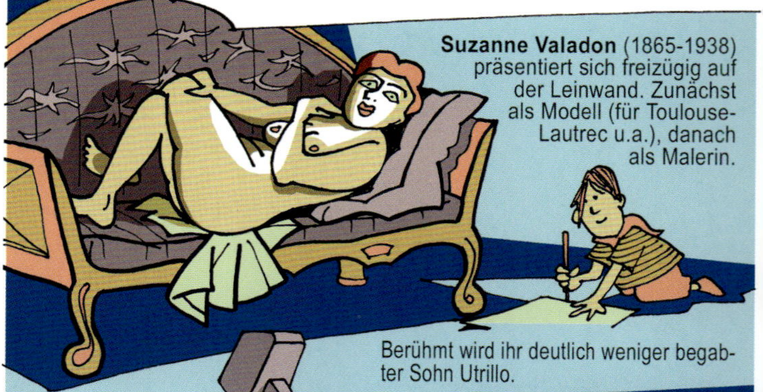

Suzanne Valadon (1865-1938) präsentiert sich freizügig auf der Leinwand. Zunächst als Modell (für Toulouse-Lautrec u.a.), danach als Malerin.

Berühmt wird ihr deutlich weniger begabter Sohn Utrillo.

Camille Claudel (1864-1943), Mitarbeiterin und Geliebte des Bildhauers Rodin. Steigert sich in Verfolgungswahn hinein, zerstört große Teile ihres Werkes.
Wird für unzurechnungsfähig erklärt und 30 Jahre lang interniert.

Gabriele Münter (1877-1962) und **Marianne Werefkin** (1860-1938), die beiden Malerinnen im Zentrum des Blauen Reiters. Werden spazieren geschickt, wenn die Männer Texte zur Kunst verfassen.

Fin de Siècle

Clara Westhoff (1878-1954), Bildhauerin, bekommt ein Kind von Rilke, der sie verlässt. Löst alleine den verschuldeten Haushalt in Worpswede auf. Rilke lobt ihre Tatkraft von Paris aus in einem Gedicht.

Paula Modersohn-Becker (1876-1907), eng mit Clara Westhoff befreundet. Ihr Nachlass entpuppt sich als weit über die ländlichen Genres der Künstlerkolonie Worpswede hinausgehend und rückt sie in die Nähe von Cézanne, Gauguin, van Gogh und Picasso.

Etwa 20 km nördlich von Bremen, mitten im Teufelsmoor, liegt Worpswede. Für die vom Torfabbau lebende Bevölkerung ist es eine Sensation, als sich fünf Künstler dort niederlassen.

Vier von ihnen kennen sich aus Düsseldorfer Studientagen. Ihr Ziel ist es, den akademischen Lehrbetrieb hinter sich zu lassen und sich nur noch der Malerei in freier Natur zu widmen. 1895, nach einer Ausstellung in München, ist die „Künstlerkolonie Worpswede" in aller Munde.

1897, bei einem Familienausflug, macht Paula Becker sich erste Notizen zu den Hauptakteuren.

Zu Fritz Overbeck, zu Hans am Ende und zu Fritz Mackensen, der ihr Lehrer werden wird.
Zu dem Jugenstil-Künstler Heinrich Vogeler, der dabei ist, den Barkenhoff zum Zentrum der Kolonie auszubauen. Und zu einem schlacksigen Maler mit rotem Bart, der sich nur kurz zeigt: „Ich möchte ihn kennen lernen, diesen Modersohn."
Bereits an diesem ersten Tag notiert sie sich allerdings auch schon den Namen einer Privatakademie (Colarossi) in Paris. Den Tipp erhält sie von einer der zahlreichen Malschülerinnen in Worpswede.

Paula wuchs behütet in einer Beamtenfamilie mit fünf Geschwistern und vielen, auch wohlhabenden Verwandten auf.
1888 zog die Familie von Dresden nach Bremen.
Eine Verschüttung in einer Sandgrube zwei Jahre zuvor, bei der eine Cousine stirbt, übersteht die 10-Jährige unbeschadet.
Von einem anderen, sorgsam verschwiegenen Familiendrama hat sie erst gar nichts erfahren. Erfasst vom Geist des Liberalismus hatte Oskar, der Bruder ihres Vaters, 1861 ein Attentat auf den preußischen König verübt und ihn mit einem Streifschuss verletzt.
Nach Verbüßung einer fünfjährigen Haft war Oskar 1868 in Ägypten gestorben.
Paula wundert sich über die Bedrücktheit ihres ansonsten liebevollen Vaters. Später wird sie sagen, er hätte ruhig etwas mehr so wie sie, rücksichtslos und egoistisch, sein können.

1895 schließt Paula in Berlin eine Lehrerinnenausbildung ab. Als Belohnung darf sie danach Kurse im Verein Berliner Künstlerinnen belegen. Ersten Zeichenunterricht hatte sie bereits als 16-Jährige in London während eines Aufenthalts bei Verwandten erhalten.

1897 verschlechtert sich die finanzielle Situation des Vaters und er bittet Paula, eine Gouvernantenstelle anzunehmen.

Im letzten Moment sichern ihr eine Erbschaft und der Zuschuss eines Onkels den Unterhalt für die nächsten 3 Jahre. Sie beschließt, ihre Kunstausbildung in Worpswede fortzusetzen.

Paulas Lehrer Fritz Mackensen, zu dessen Schülerinnen auch Clara Westhoff gehört, hat eine Vorliebe für weite Landschaften. Paula dagegen rückt lieber ganz dicht an ihre Motive heran. Sie will die „Runen", das einfache Muster im Bauplan der Natur, freilegen.
Ihr liebstes Modell aus dem nahen Armenhaus wird „Mutter Dreebeen" (Dreibein, wegen ihres Gehstocks).
Zieh' dich aus!
Nee, dat doo ick nicht!
Für Aktbilder nimmt sie aber auch junge Mädchen. Ein paar Münzen leisten gute Überredungsarbeit.
Der Stundenlohn eines Arbeiters lag damals bei 10 Pfennig.
10

Für die Kunststudentinnen kursiert in der Öffentlichkeit bald der abwertende Begriff „Malweiber".

Auch in Worpswede erregen Fackelzüge, Schleiertänze à la Isadora Duncan, Nacktbaden und Nietzsche-Rezitationen die Gemüter.

Die zu Kunst und Natur drängenden Frauen sind Thema vieler Karikaturen. Hier ein Beispiel aus der Zeitschrift Simplicissimus:

Auf einem großen Bild hält Vogeler die bald umkippende Stimmung in Worpswede fest. Der Wächter des Paradieses, Vogelers Windhund, wirkt recht schläfrig und seine Bewohner seltsam bedrückt. Die männlichen Künstler schätzen die Einnahmen durch Schülerinnen und wissen das Angebot an Heiratskandidatinnen zu nutzen. An das Talent der Frauen glauben nur wenige.

Auf Anraten Heinrich Vogelers, jedoch ohne Erfolg, beteiligt Paula sich an Wettbewerben und fertigt Werbegrafiken im Jugendstil an. Zuspruch erhält sie auch durch Otto Modersohn, dessen junge Frau an Tuberkulose erkrankt ist.
Und durch den Museumsdirektor Gustav Pauli, der im Dezember 1899 drei „Schülerinnen" aus Worpswede, Marie Bock, Clara Westhoff und Paula Becker, in der Bremer Kunsthalle präsentiert.
Sofort nach Erscheinen der beleidigenden Kritiken reist Paula in der Silvesternacht 1899/1900 für einige Wochen nach Paris, wo ihre Freundin Clara Westhoff schon auf sie wartet.

Aus Paris berichtet Paula von Atelierfesten mit Clara Westhoff, von Tanzlokalen und Cabarets.
Mit der Erfindung der Fotografie sind die Künstler gezwungen sich neu zu definieren. Überall tauchen Namen und Stile auf, ohne dass abzusehen ist, wer aus der nervösen Schar Erfolg haben wird.
Der auch in Paris studierende Emil Hansen, ein norddeutscher Bauernsohn, der sich ab 1901 „Nolde" nennen wird, nimmt Paula und Clara nur als „zwei seltsame deutsche Mädchen" wahr.
Auf einem Selbstporträt zeigt Paula sich jedoch konzentriert und entschlossen. Sie belegt Kurse an der Akademie Colarossi, studiert täglich im Louvre und begeistert sich für die Arbeiten eines nahezu unbekannten Malers namens Paul Cézanne.

Im Juni 1900, zur Weltausstellung, kommen Freunde aus Worpswede zu Besuch. Unter ihnen Otto Modersohn, der erst nach langem Drängen Paulas bereit war, seine kranke Frau für ein paar Tage allein zu lassen.
Nach 4 Tagen erhält er die Nachricht von ihrem Tod und kehrt sofort zurück.
Paula folgt ihm wenige Tage später.
Kurz nach ihrem Auszug aus dem labyrinthartigen Atelierhaus in Montparnasse zieht der 19-jährige Pablo Picasso dort ein.

Nach ihrer Rückkehr aus Paris halten Paula und Clara nicht nur die Worpsweder Feuerwehr auf Trab.
Otto Modersohn feilt eifrig an seiner Strichliste möglicher Ehekandidatinnen.
Aber auch der auf Besuch in Worpswede weilende Dichter Rainer Maria Rilke schwärmt plötzlich, nicht ganz realitätsnah, von „den beiden Schwestern", von „der blonden (Paula) und der dunklen Malerin" (Clara, die sich auf Bildhauerei spezialisiert hatte).
Getrübt wird die Schwärmerei durch Paulas bald aufgebrauchtes Erbe. Wieder droht die Gouvernantenstelle.
16

Im September 1900 verlobt Paula sich mit dem gut verdienenden Otto Modersohn.
Überstürzt, ein gerade angemietetes Haus zurücklassend, verlässt Rilke Worpswede.
Er kehrt zu einer Freundin in Berlin zurück.
Die Seiten seines Tagebuches aus jener Zeit sind herausgerissen.

Als Paula im Januar 1901 auf Wunsch ihrer Eltern einen Kochkurs in Berlin besucht, nimmt sie sofort wieder Kontakt mit Rilke auf.
Daraufhin kommt auch Clara nach Berlin. Mitte Februar geben Clara und Rilke ihre Verlobung bekannt.
Die beiden heiraten im April.

Im Mai heiraten Paula und Otto Modersohn am Sterbebett von Paulas Vater.

Es ist eine seltsame Ehe zwischen der sportlichen, keinen Widerspruch duldenden Paula und dem toleranten, 11 Jahre älteren Otto Modersohn. Otto, der für den Unterhalt sorgt, und dessen Tochter Elsbeth, die „Mutter" zu ihr sagt, genügen Paula zunächst als Familienidyll. Vorrang haben die Stunden in ihrem Lilienatelier. Da eine Schwangerschaft ihre Arbeit gefährden würde, bittet sie Otto über Jahre um Keuschheit.

Über Jahre zieht sich das zermürbende Wechselspiel aus Necken und Hinhalten hin. Paula berichtet freimütig von ihren Flirts mit bulgarischen Kunststudenten in Paris. Auch beim Nacktturnen lässt sie sich von Otto zeichnen.
Als Ottos Nerven nach fünf Jahren endgültig zerrüttet sind, beklagt Paula sich über ihr nicht vorhandenes Liebesleben bei Clara Westhoff und bei ihrem Vertrauten Carl Hauptmann. 1906 beschließt sie, Otto zu verlassen.
Heimlich tritt sie ihre vierte Parisreise an. In einem Brief teilt sie Otto mit, dass sich ihr Scheidungsanwalt bei ihm melden wird.

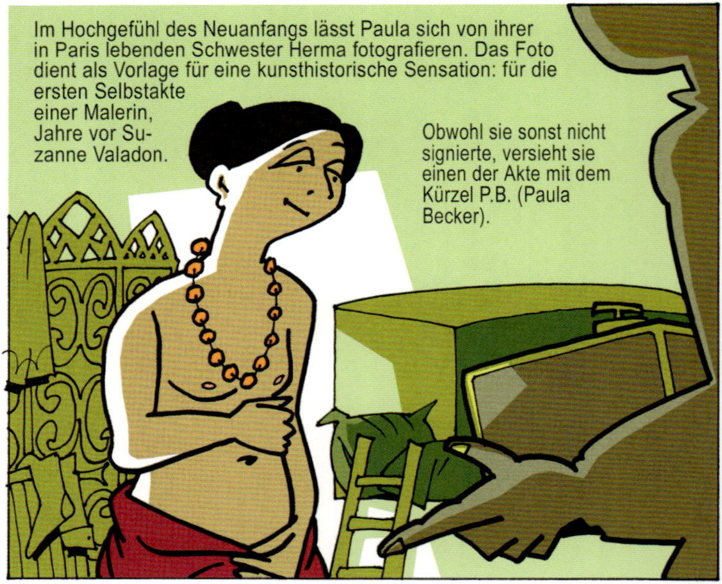

Inspiriert worden ist sie wohl auch durch die weniger bekannten erotischen Aquarelle Rodins. Zu den Höhepunkten ihrer Parisaufenthalte zählte Paula die Besuche in Rodins Atelier und in dessen Villa in Meudon, durch deren Park um 1906 die sich betrogen fühlende Camille Claudel schleicht.

Clara Westhoff arbeitete zeitweise im Atelier des Bildhauers. Und Rilke, für ein halbes Jahr dessen Privatsekretär, hatte Paula als „Frau eines deutschen Malers" eingeführt.

Resigniert folgt sie dem Rat des in Paris lebenden Bildhauers Bernhard Hoetger, bei Modersohn zu bleiben.
Otto hatte ihr weiterhin seine Unterstützung zugesagt. Als er nach Paris kommt, lässt er sich seine Irritation nicht anmerken. Weder über Paulas Aktbilder noch über das Porträt des Soziologen Werner Sombart.

Sombart wird sein Porträt später als „Rache einer enttäuschten Geliebten" bezeichnen.

Im März 1907 kehrt das Paar nach Worpswede zurück. Ihrer Mutter teilt Paula mit, dass sie endlich schwanger ist.

Am 20.11.1907, 18 Tage nach der Geburt ihrer Tochter Tille (Mathilde), stirbt Paula an einer Embolie.

Die Sichtung des Ateliers fördert selbst für ihre engsten Freunde unerwartete Schätze zutage.

- die an Gauguin und die Gruppe der Nabis erinnernden Aktbilder,
- ihre Picasso ähnelnden Kinderdarstellungen und Porträts,
- „Mutter Dreebeen" umrahmt von naiven Blumendekors, wie Paula sie bei Henri Rousseau gesehen hatte,
- Sonnenblumen à la van Gogh
- und die zu Karikaturen geratenen Bilder von Rilke und Modersohn.
Obwohl von Paula nicht für Ausstellungen vorgesehen, geht all dies nun, von Otto nachsigniert, auf Tournee. Bis zur Verdammung als „entartet" in den 1930er Jahren.
Obwohl nicht zur Veröffentlichung bestimmt, werden Paulas Tagebücher publiziert.
Obwohl sie es sich schlicht, mit Blumen bepflanzt gewünscht hatte, beherrscht ihr Grab ab 1916 ein von Bernhard Hoetger geschaffenes steinernes Monument.
23

Paulas kühne Komposition „Landstraße mit Birken" wies bereits 1901 aus Worpswede hinaus.
Ottos Weg führt ins benachbarte Fischerhude, wo sich auch Clara Westhoff mit ihrer Tochter niederlassen wird.
1908 lernt Otto die 17 Jahre jüngere Louise Breling kennen, mit der er zwei Söhne haben wird.
Seine und Paulas Tochter Tille, bei Großmutter und Tante aufgewachsen, holt Otto erst später nach Fischerhude.
Tille stirbt 1998, mit 91 Jahren, kinderlos.
24
ENDE

Aachen, Oktober 2010

„Dans Aix-la-Chapelle / Je suis très fidèlle
De Herbesthal / Des baisers sonder Zahl
À Verviers / encore un baiser"

Paula 1905, auf der Fahrt nach Paris, in einem Brief an Otto, Aachen und Ostbelgien bedichtend

Zeittafel Paula Modersohn-Becker

8.2.1876:	in Dresden geboren
1886:	Sandgrubenunglück
1888:	Umzug der Familie nach Bremen
1892:	7-monatiger England-Aufenthalt mit erstem Zeichenunterricht
1893-97:	Berlin: Ausbildung zur Lehrerin; Kurse im Verein Berliner Künstlerinnen;
1898:	Wohnsitz in Worpswede
1899:	Ausstellung in der Kunsthalle Bremen mit vernichtender Kritik
1900:	erster Paris-Aufenthalt
25.5.1901:	heiratet Otto Modersohn
1903-05:	Reisen; 2 weitere Paris-Aufenthalte
1906:	4. Paris-Reise, Trennung von Modersohn; erster Selbstakt einer Malerin; Versöhnung
20.11.1907:	stirbt 18 Tage nach der Geburt ihrer Tochter Tille
1913-49:	Paulas Tagebücher werden zu einem Bestseller mit 14 Auflagen
1927:	Bernhard Hoetger baut in der Bremer Böttcherstraße das zunächst so genannte „Paula-Becker-Modersohn-Haus", das erste, einer Malerin gewidmete Museum der Welt